Lerner SPORTS EN ESPAÑOL

SPORTS VIPs EN ESPAÑOL

QUIÉN ES ALLYSON FELIX

MATT DOEDEN

ediciones Lerner ◆ Mineápolis

Título original: *Meet Allyson Felix*

La traducción al español fue realizada por Zab Translation.

ediciones Lerner
Una división de Lerner Publishing Group, Inc.
241 First Avenue North
Mineápolis, MN 55401, EE. UU.

Si desea averiguar acerca de niveles de lectura y para obtener más información, favor consultar este título en www.lernerbooks.com.

Fuente del texto del cuerpo principal: Aptifer Slab LT Pro.
Fuente proporcionada por Linotype AG.

Library of Congress Cataloging-in-Publication Data

Names: Doeden, Matt, author.
Title: Quién es Allyson Felix : superestrella del atletismo / Matt Doeden.
Other titles: Meet Allyson Felix. Spanish
Description: Mineápolis : ediciones Lerner, 2023. | Series: Lerner sports en español. Personalidades del deporte | Includes bibliographical references and index. | Audience: Ages 7–11 | Audience: Grades 4–6 | Summary: "Allyson Felix competed in five Olympic Games. In 2021, Felix won her 11th Olympic track-and-field medal, more than any other athlete in US history. Explore her life on and off the track. Now in Spanish!"—Provided by publisher.
Identifiers: LCCN 2023000556 (print) | LCCN 2023000557 (ebook) | ISBN 9781728476056 (library binding) | ISBN 9798765607626 (paperback) | ISBN 9781728494395 (epub)
Subjects: LCSH: Felix, Allyson, 1985-—Juvenile literature. | African American women track and field athletes—Biography—Juvenile literature. | Women track and field athletes—United States—Biography—Juvenile literature. | Track and field athletes—United States—Biography—Juvenile literature. | Women Olympic athletes—United States—Biography—Juvenile literature.
Classification: LCC GV697.F45 D6318 2023 (print) | LCC GV697.F45 (ebook) | DDC 796.42092 [B]—dc23/eng/20230112

LC record available at https://lccn.loc.gov/2023000556
LC ebook record available at https://lccn.loc.gov/2023000557

Fabricado en los Estados Unidos de América
1-52173-50635-1/12/2023

CONTENIDO

CORRER PARA SER PARTE DE LA HISTORIA

Allyson Felix necesitaba correr durante el verano del 2020. Ese año se suspendieron los Juegos Olímpicos. La enfermedad mortal de COVID-19 se extendía por todo el mundo. Los gimnasios y centros donde entrenaba habitualmente cerraron para evitar la propagación de la enfermedad.

"Fue muy difícil afrontar eso," relató Felix. "Para una atleta olímpica, es esencial mantener el ritmo, y se hacen muchos sacrificios para llegar preparada a ese momento. Por eso, cuando supe que no iba a suceder, fue devastador".

DATOS RÁPIDOS

FECHA DE NACIMIENTO: 18 de noviembre de 1985
POSICIÓN: velocista
LIGA: Atletismo de Estados Unidos

MOMENTOS PROFESIONALES DESTACADOS: fue la atleta del año de escuelas secundarias para *Track and Field News* en 2003, es acreedora de 11 medallas olímpicas (siete de oro, tres de plata y una de bronce), ganó 12 campeonatos mundiales

MOMENTOS PERSONALES DESTACADOS: creció en Los Ángeles, California; se graduó en la Universidad del Sur de California (USC) con un título en educación primaria; está casada con Kenneth Ferguson y en 2018 nació su hija Camryn

Felix (*izquierda*) acelera en la final femenina de 400 metros en los Juegos Olímpicos de 2021.

Felix no permitió que la cancelación de los Juegos Olímpicos detuviera su entrenamiento. Corrió en su barrio en Los Ángeles. Corrió en las canchas de fútbol y de béisbol vacías y en las playas.

El trabajo duro de Felix tuvo su recompensa. Los Juegos Olímpicos volvieron en agosto de 2021. Felix fue a Tokio, Japón con el equipo de atletismo de Estados Unidos. Corría para ser parte de la historia. Felix ya había ganado nueve medallas olímpicas a lo largo de su carrera. Una más le daría el máximo en la historia del atletismo femenino en los Juegos Olímpicos.

Felix se ganó un lugar en la final de 400 metros. Pero parecía difícil que ganara una medalla. Había calificado en la carrera con el segundo tiempo más lento. A los 35 años, era mayor que la mayoría de las atletas olímpicas. Y tuvo un comienzo terrible en la final. Pero Felix hizo un gran esfuerzo. En los últimos 100 metros, tomó velocidad. Pasó a corredora tras corredora y cruzó la línea de llegada en tercer lugar. Obtuvo la medalla de bronce, la 10.ª medalla de su fabulosa carrera.

Felix sostiene su medalla de bronce por los 400 metros. El resto de sus medallas olímpicas son de oro o plata.

CAPÍTULO 1

NACIDA PARA CORRER

Allyson Felix nació el 18 de noviembre de 1985 en Los Ángeles, California. Su mamá Marlean era maestra. Su papá Paul era ministro. Allyson creció en Los Ángeles con su hermano mayor, Wes. Nadie en la familia llama a Allyson por su nombre. Le dicen Shug. El apodo es la forma abreviada de *Sugar* (azúcar en inglés).

Wes y Allyson eran los dos buenos atletas. Compartían la pasión por los deportes. Allyson alentó a Wes para que se convirtiera en un excelente velocista amateur, y ella decidió seguir sus pasos.

Wes Felix (*izquierda*) y Allyson Felix (*derecha*) en el 2004. Wes se convirtió luego en agente deportivo y ayudó a Allyson y a otros atletas en sus acuerdos comerciales.

Allyson asistió a la escuela secundaria Los Angeles Baptist de California. Soñaba con ser jugadora de baloncesto o gimnasta. Declaró que los deportes la ayudaron a formarse. "[Los deportes] me dieron confianza, me enseñaron sobre la ética del trabajo, el liderazgo, cómo afrontar el fracaso, el valor del trabajo en equipo y otras incontables lecciones invaluables que aún hoy me sirven," escribió.

Allyson saluda a la multitud luego de ganar una carrera para la escuela secundaria Los Angeles Baptist.

Su estilo parejo para correr y sus trancos largos ayudaron a Allyson a moverse velozmente en la pista.

En el 2000, se concentró en correr. Como era alumna de noveno grado, participó en el equipo escolar de atletismo. No le llevó mucho tiempo causar un gran impacto en el equipo. Se llevó el séptimo puesto en la carrera de 200 metros en el encuentro del estado de California.

Allyson corre para el equipo de Estados Unidos en 2001.

Allyson se convirtió rápidamente en una estrella en ascenso del atletismo. En 2001, obtuvo el primer lugar en la carrera de 100 metros en el Campeonato Mundial Juvenil en Debrecen, Hungría.

Allyson continuó ganando carreras. *Track and Field News* la nombró atleta femenina del año de escuelas secundarias en 2003. Ese año, tuvo uno de sus mejores momentos en un encuentro en la Ciudad de México. Allyson logró la victoria en los 200 metros con un tiempo de 22,11 segundos. Podría haber sido un récord mundial juvenil, pero el tiempo no se pudo computar porque el evento no cumplía con todas las reglas para los registros oficiales.

LA NOTICIA DEPORTIVA

Al igual que muchos otros deportes, en el atletismo hay problemas con los atletas que usan sustancias para mejorar el rendimiento, o sustancias dopantes. Este tipo de sustancias les pueden dar ventaja a los atletas en la pista. Pero también ponen su salud en riesgo. Felix es voluntaria de Project Believe y se somete a análisis adicionales para demostrarles a todos que puede ganar sin usar sustancias para mejorar el rendimiento.

CAPÍTULO 2

PROFESIONALIZACIÓN

Después de graduarse de la escuela secundaria en 2003, Felix planeó unirse al equipo de atletismo de la USC. Pero su impresionante tiempo en los 200 metros en México cambió sus planes y decidió profesionalizarse. Felix firmó un contrato de promoción con la marca de calzado Adidas. Como parte del contrato, Adidas aceptó pagar su educación en la USC. Continuó sus estudios hasta que obtuvo un título en educación primaria.

Mientras tanto, Felix seguía entrenando y compitiendo. En el campeonato nacional de Estados Unidos de 2003, terminó segunda en la carrera de 200 metros.

Felix recibe su trofeo luego de haberse convertido en la Atleta Femenina Nacional del Año de Gatorade en atletismo.

LA NOTICIA DEPORTIVA

El éxito no es fácil para Felix. Entrena aproximadamente cinco horas por día. Pasa al menos tres horas en la pista estirando, haciendo ejercicios y corriendo. Las otras dos horas las pasa en el gimnasio. Trabaja para fortalecer los músculos, el corazón y los pulmones.

A los 18 años, Felix se ganó un lugar en el equipo olímpico de Estados Unidos en 2004. Viajó a la ciudad de Atenas en Grecia con el equipo en agosto para competir en la carrera de 200 metros. En la final, Felix no tuvo un gran comienzo. Veronica Campbell-Brown de Jamaica le sacó una buena ventaja. Felix aumentó la velocidad con la carrera ya avanzada. Redujo la distancia con Campbell-Brown, pero no pudo alcanzarla. Felix obtuvo el segundo lugar y recibió la medalla de plata. Fue la primera medalla de su carrera olímpica.

Felix siguió mejorando. En 2005, ganó la carrera de 200 metros en el campeonato mundial. A los 19 años, era la campeona mundial más joven del evento. Dos años más tarde, defendió su título con el mejor tiempo obtenido hasta ahora de 21,81 segundos.

Felix ganó la carrera de 200 metros en el campeonato mundial de 2007 por 0,53 segundos. Nadie ha ganado la carrera por un margen tan grande en 59 años.

CAPÍTULO 3

CREACIÓN DE SU LEGADO

A medida que se acercaban los Juegos Olímpicos de 2008 de Pekín, China, Felix se fue preparando para hacer más que los 200 metros. Se entrenó también para hacer la carrera de los 100 metros y dos de relevos. No calificó para los 100 metros, pero integró el equipo para los 200 metros y para la carrera de relevos de 4 × 400 metros.

Los Juegos Olímpicos de Felix comenzaron con una decepción. En la final de los 200 metros, perdió una carrera reñida con Campbell-Brown. Felix terminó segunda y logró la medalla de plata. Pero el equipo de Estados Unidos obtuvo una victoria extraordinaria en la carrera de 4 × 400. Felix se irguió orgullosa en el podio con la medalla más importante con sus compañeros de equipo.

Izquierda a derecha: Mary Wineberg, Allyson Felix, Monique Henderson y Sanya Richards-Ross muestran sus medallas de oro luego de la carrera de relevos femenina de 4 × 400 metros en los Juegos Olímpicos de 2008.

LA NOTICIA DEPORTIVA

¿Cómo es la dieta de una ganadora de una medalla de oro? Este es un día típico en la alimentación de Felix:

Desayuno: yogur y granola

Colación a media mañana: licuado

Almuerzo: ensalada con frutas y carne, como por ejemplo pollo

Cena: pescado, arroz integral y verduras

Se estaba convirtiendo en una de las estrellas más grandes del atletismo. Pero igual iba por más. En los Juegos Olímpicos de 2012 en Londres, Inglaterra, compitió en cuatro eventos. Tenía un cronograma ajetreado, pero estaba preparada.

Felix logró el quinto puesto en la carrera de 100 metros y no llegó al podio. Pero lo compensó en los otros tres eventos. Gracias a su buen comienzo, pudo ganar la medalla de oro en los 200 metros. Siguió la carrera de relevos de 4 × 100 metros. Felix y sus compañeros de equipo se destacaron. Ganaron una medalla dorada con un récord mundial de 40,82 segundos. Luego, Felix finalizó con una medalla de oro en la carrera de relevos de 4 × 400 metros. ¡Tres medallas de oro! Felix estaba en la cima del mundo del atletismo.

Una lesión en la pierna hizo que Felix baje la marcha en 2013 y 2014. Pero estuvo de nuevo en la pista para el campeonato mundial de 2015. Ganó la medalla de oro en la carrera de 400 metros.

Felix trajo sus tres medallas de oro de los Juegos Olímpicos de Londres al Empire State Building en Nueva York para una sesión fotográfica el 15 de agosto de 2012.

Shaunae Miller (*abajo*) alcanza la línea de llegada justo antes que Felix (*arriba*) en la final de 400 metros.

La victoria le dio confianza a Felix para los Juegos Olímpicos de 2016 en Río de Janeiro, Brasil. Una lesión en un tobillo no la dejó calificar para los 200 metros. Pero estaba a la mitad de una emocionante final de 400 metros. Felix corrió velozmente a la línea final. Parecía que iba a ganar. Pero Shaunae Miller de Bahamas se lanzó a la línea en el momento final y derrotó a Felix por 0,07 segundos.

La prueba de relevos de 4 × 100 metros casi termina siendo un desastre. A Felix se le cayó el bastón. En un principio, el equipo de Estados Unidos estaba descalificado. Pero las repeticiones mostraron que otro corredor chocó a Felix. El equipo de Estados Unidos pudo seguir. Continuaron y ganaron la medalla de oro en la final. Felix agregó otra medalla de oro en la carrera de relevos de 4 × 400 metros. Así llegó a nueve medallas olímpicas, y quedaron empatadas con Merlene Ottey de Jamaica como las mujeres con más medallas de atletismo.

El bastón cae entre Felix (*derecha*) e English Gardner (*izquierda*) durante la carrera de relevos de 4 × 100 metros. Una corredora brasilera chocó a Felix, lo que causó que no pudiera hacer el pase a Gardner.

CAPÍTULO 4

MAMÁ MEDALLISTA

La vida de Felix cambió en 2018. Se casó con su colega corredor Kenneth Ferguson. Felix tuvo que tomarse un descanso de las competencias por un buen motivo, estaba embarazada de su primera hija.

El embarazo no fue fácil para Felix. Los médicos descubrieron que tenía una afección que le causaba hipertensión arterial que ponía en riesgo a su bebé. Los médicos, entonces, realizaron una operación de emergencia para que la bebé nazca bien.

"Es impresionante cómo cambian tus prioridades en momentos como este," escribió Felix en Twitter. "En ese momento, lo único que me importaba era que mi hija Camryn esté bien. No me interesaba si no volvía a correr de nuevo".

Felix y su hija se divierten en la pista en las pruebas de los equipos olímpicos estadounidenses en 2020.

Felix corre en los Juegos Olímpicos de Tokio en 2021.

El embarazo y la operación fueron difíciles para Felix. No compitió por más de un año. Dedicó su tiempo a luchar por los derechos de las deportistas embarazadas. Felix quería que sigan recibiendo dinero de los patrocinadores aun cuando no puedan competir por estar embarazadas.

Felix sabía que, a los 35 años, los Juegos Olímpicos de 2021 serían los últimos. Pero estaba dispuesta a mostrarle a su hija que todo era posible con trabajo duro.

Después de lograr una medalla de bronce en los 400 metros, Felix se preparó para su último evento, la carrera de relevos de 4 × 400 metros. El equipo de Estados Unidos se alejó del resto. Ganaron por casi 4 segundos y obtuvieron la medalla de oro. Felix obtuvo su medalla olímpica número 11. Fue más que lo que logró cualquier otro atleta en la historia.

Felix dijo que no planea regresar a los Juegos Olímpicos de 2024. Pero que eso no significa que su carrera esté terminada. No descarta competir en los campeonatos mundiales de 2022. ¿Puede ganar otra medalla a los 36 años? Después de una carrera profesional tan maravillosa, es difícil no tenerla en cuenta.

LA NOTICIA DEPORTIVA

¿Qué hará Félix cuando termine su carrera como velocista? Cree que podría convertirse en maestra. Ama a los niños y puede usar su título en educación primaria. ¿No sería genial tener una campeona mundial de maestra?

ESTADÍSTICAS DE LA CARRERA DE ALLYSON FELIX

JUEGOS OLÍMPICOS:

5

(2004, 2008, 2012, 2016, 2021)

MEDALLAS OLÍMPICAS:

11

(7 DE ORO, 3 DE PLATA, 1 DE BRONCE)

CAMPEONATOS MUNDIALES:

12

MEJOR TIEMPO EN 100 METROS:

10,89

SEGUNDOS

MEJOR TIEMPO EN 200 METROS:

21,69

SEGUNDOS

MEJOR TIEMPO EN 400 METROS:

49,26

SEGUNDOS

Las estadísticas son fidedignas hasta el 1 de noviembre de 2021.

GLOSARIO

amateur: un atleta que no recibe pago por competir en un deporte

bastón: una vara que los corredores de carreras de relevos se pasan de un corredor al siguiente

calificar: correr lo suficientemente rápido en una carrera como para participar de la final

encuentro: una competencia que incluye una variedad de eventos de atletismo

final: la última carrera en un evento de atletismo

licuado: una bebida cremosa hecha de fruta mezclada con jugo, leche o yogurt.

profesionalizarse: cuando un deportista aficionado se convierte en profesional y gana dinero por competir

promoción: cuando alguien recomienda un producto; por lo general recibe dinero a cambio

relevo: una carrera entre equipos en la que cada miembro del equipo cubre una parte del trayecto

velocista: un atleta que compite en eventos cortos de alta velocidad.

NOTAS SOBRE LAS FUENTES

5 Nicholas Rice, "Allyson Felix Says the Pandemic Forced Her to 'Get Creative' about Training for the Olympics," People.com, 18 de diciembre de 2020, https://people.com/sports/allyson-felix-olympics-training-exclusive/.

10 Nick McCarvel, "Allyson Felix: Five Things You Don't Know," Olympics.com, 8 de febrero de 2021, https://olympics.com/en/news/allyson-felix-five-things-mum-camryn-basketball.

25 Allyson Felix (@allysonfelix), Twitter, 20 de diciembre de 2018, https://twitter.com/allysonfelix/status/1075780850581757952.

MÁS INFORMACIÓN

Gitlin, Marty. *Olympic Track and Field Legends*. Mankato, Minnesota: Bolt, 2021.

Levit, Joseph. *Track and Field's G.O.A.T.: Usain Bolt, Jackie Joyner-Kersee, and More*. Mineápolis: Lerner Publications, 2022.

McDonald, Scott. *Record Breakers*. Philadelphia: Mason Crest, 2020.

Olympic Games
https://olympics.com/en

Team USA—Allyson Felix
https://www.teamusa.org/usa-track-and-field/athletes/allyson-felix

USA Track and Field
https://www.usatf.org/

ÍNDICE

CRÉDITOS POR LAS FOTOGRAFÍAS

Créditos de las imágenes: Felix Sanchez Arrazola/Alamy Stock Photo, p. 4; Christian Petersen/Getty Images, pp. 6, 26; Tim Clayton/Corbis via Getty Images, p. 7; Kirby Lee/WireImage/Getty Images, pp. 8, 10, 12; Kirby Lee via AP, pp. 9, 11; Matthew Stockman/Getty Images, p. 14; AP Photo/Matt Sayles, p. 15; Gouhier-Kempinaire/Cameleon/Abaca Press/Alamy Stock Photo, p. 17; GABRIEL BOUYS/AFP via Getty Images, p. 18; AP Photo/Petr David Josek, p. 19; AP Photo/Alex Katz, p. 21; Kyodo via AP Images, p. 22; FRANCK FIFE/AFP via Getty Images, p. 23; David Ramos/Getty Images, p. 24; Steph Chambers/Getty Images, p. 25. Elementos de diseño: The Hornbills Studio/Shutterstock.com; Tamjaii9/Shutterstock.com.

Portada: REUTERS/Aleksandra Szmigiel/Alamy Stock Photo.